FURNISHED APARTMENT

COMÉDIE-VAUDEVILLE EN UN ACTE

PAR

MM. CORMON ET GRANGÉ

REPRÉSENTÉE POUR LA PREMIÈRE FOIS, A PARIS, SUR LE THÉATRE DES VARIÉTÉS, LE 7 JUIN 1855.

DISTRIBUTION DE LA PIÈCE.

TAUPIN, bourgeois de Paris.	MM. LECLÈRE.
CARAMBA, mexicain	CHRISTIAN.
SIR JOHN, jeune touriste	THIERRY.
MADAME TAUPIN	Mme GÉNOT.
ANAIS, femme de Caramba.	Mlles PAULINE.
CÉLESTINE, fille des Taupin	DALLOCA.
VICTOIRE, leur bonne	POTEL.

NOTA. — Toutes les indications sont prises de la salle. — Les personnages sont placés en tête des scènes dans l'ordre qu'ils occupent, c'est-à-dire que le premier inscrit tient la gauche. Les changements de position sont indiqués par des renvois

---

FURNISHED APARTMENT.

UN SALON A PANS COUPÉS

Dans celui de droite, une porte; dans celui de gauche, une fenêtre avec grands rideaux. — A l'avant-scène, une porte de chaque côté. — Entrée principale au fond. — Ameublement moderne. — Au milieu, un guéridon recouvert d'un tapis, avec un plateau et des tasses. — Consoles avec vases à droite et à gauche, deuxième plan. — Sur celle de gauche, des fleurs artificielles et une carafe. — Corbeille à ouvrage sur le guéridon. — Chaises, fauteuils, tableaux, paquets, cartons.

SCÈNE I.

VICTOIRE, CÉLESTINE, puis MADAME TAUPIN, puis TAUPIN.

(Au lever du rideau, Célestine est assise près du guéridon et coud des anneaux à des rideaux. Victoire époussète à grands coups de plumeau.)

VICTOIRE.

Heigne!... v'lan! v'lan! et allez donc!... si jamais j'ai une bonne, elle ne risque rien!

TAUPIN, dans la chambre de droite.

Victoire!

VICTOIRE.

Monsieur?

TAUPIN.

Donnez-moi les rideaux de la fenêtre pour que je les pose.

CÉLESTINE.

Papa, je couds les derniers anneaux.

MADAME TAUPIN, dans la chambre de gauche.

Victoire!

VICTOIRE.

Madame?

MADAME TAUPIN, criant à gauche.

Venez donc m'aider à mettre le couvre-pieds.

VICTOIRE, jetant son plumeau.

Alors, madame, je n'en finirai pas d'épousseter.

TAUPIN, criant à droite.

Victoire!

VICTOIRE.

Ah! quelle scie! monsieur, je n'ai pas trente-six bras et trente-six jambes.

MADAME TAUPIN, en dehors.

Allons donc, Victoire!

VICTOIRE, sortant par le premier plan à gauche.

Mais, madame, me voilà !

CÉLESTINE, seule.

Vraiment, papa nous fait tourner la tête à tous depuis qu'il s'est mis dans l'idée de louer son appartement pour le temps de l'exposition.

MADAME TAUPIN, entrant par le premier plan à gauche.*

Allons, voilà toujours un côté de fini ! Eh bien ! Victoire, à quoi pensez-vous donc ? le salon n'est pas encore en ordre ?

VICTOIRE.

Ah ! mais, madame, adjoignez-moi un nègre !

MADAME TAUPIN, venant s'asseoir près du guéridon.

Ah ! Dieu ! je suis déjà éreintée.

VICTOIRE.

Qu'est-ce que je dirai donc, moi, qui trime depuis cinq heures du matin ?

TAUPIN, entrant par la droite, premier plan, avec une échelle double.**

Ah ! ça, voyons, ces rideaux seront-ils pour demain ou pour la semaine prochaine ?

CÉLESTINE.

Oh ! moi, d'abord, je ne peux pas aller plus vite !

MADAME TAUPIN.

Votre fille n'est pas une ouvrière à la journée.

TAUPIN, posant son échelle au fond, à droite.

Je vais toujours essuyer les cadres de mes tableaux. (Il prend le plumeau, monte sur une échelle et époussète les tableaux.)

VICTOIRE.

Na ! v'là ce que c'est ! ouf ! (Elle s'essuie la figure avec son tablier, et s'assied à gauche.)

MADAME TAUPIN.

Maintenant allez vite donner un coup de torchon par là. (Elle désigne la droite.)

VICTOIRE, se levant.

Ah ! mais, une minute ! faut-être juste aussi ! soyons justes ! depuis le patron-minette que je balaye, que je frotte, que je trotte... j'ai le droit de souffler, peut-être bien.

MADAME TAUPIN.

Pas tant de raisons ! allez à votre ouvrage ; et puis vous aiderez Célestine à monter le reste de nos effets.

VICTOIRE.

Au cinquième, pour me refaire. En v'là une toquade d'aller se loger sous les toits !

MADAME TAUPIN, regardant son mari.

Le fait est que c'est assez désagréable de se voir reléguée dans une méchante mansarde !

* Victoire, madame Taupin, Celestine.

** Victoire, madame Taupin, Célestine, Taupin

CÉLESTINE.

Moi, dans un cabinet noir où j'ai l'air d'être en pénitence.

VICTOIRE, remontant.

Et moi dans le grenier avec les rats.

TAUPIN, sur l'échelle.

Il n'y a pas de rats!

VICTOIRE.

Non, c'est le chat ! (Elle entre à droite, premier plan.)

MADAME TAUPIN, se levant.

Tout cela pour faire de la spéculation !

TAUPIN, descendant de son échelle, qu'il porte au fond, à gauche. *

Mais dame ! je fais comme tout le monde. Je cherche à m'indemniser de la hausse effroyable des loyers en spéculant sur les étrangers attirés par l'exposition. (Venant près de sa femme.)

Air du *Verre*.

De tous les côtés, en chasseur
Le parisien se déguise
Pour guetter l'oiseau voyageur
Qui fait naître sa convoitise.
Sur les pigeons, à qui mieux-mieux,
On va tirer, tu le présumes;
Et, dans le carnage, je veux
Tâcher de pincer quelques plumes.
Oui, dans le carnage, je veux
Attraper au moins quelques plumes.

MADAME TAUPIN.

De votre part ça ne m'étonne pas ! mais moi, une La Coeardière !... sous-louer mon appartement... c'est mesquin, c'est mercantile, ça me ravale aux yeux de ma caste !

TAUPIN.

Bah ! dans toutes les castes, cinq ou six cents francs sont bons à prendre... et les bains de mer aussi.

MADAME TAUPIN.

Alors, c'est convenu, vous nous menez à Dieppe ?

TAUPIN.

Sans doute. (Il va à son échelle, monte dessus et époussète.)

MADAME TAUPIN, à sa fille. **

Petite, nous étrennerons nos chapeaux neufs. (Elle passe à droite et s'assied près de Célestine.)

TAUPIN.***

Tu verras, ma femme, l'effet de tes rubans ponceaux sur la plage.

CÉLESTINE.

J'aimerais bien mieux aller à Londres.

* Madame Taupin, Taupin, Célestine.

** Taupin, madame Taupin, Célestine.

*** Taupin, Célestine, madame Taupin.

TAUPIN.

Est-elle étonnante avec son Londres! depuis qu'elle y est allée avec sa tante pour voir *l'exibichione*, elle ne parle que d'y retourner. Tu aimes donc bien le brouillard ?

CÉLESTINE.

Oui, beaucoup!

MADAME TAUPIN.

Et notre futur gendre sera-t-il de la partie ?

TAUPIN.

Certainement.

CÉLESTINE, à part.

Ça sera gai!

TAUPIN, toujours sur l'échelle.

Ce cher Beloison! il n'y a pas dans les tabacs un employé que l'on prise davantage; aussi a-t-il obtenu facilement un congé de huit jours, dont nous profiterons pour conduire notre fille devant monsieur le maire, et dès le lendemain, cocote, tu tireras ta coupe dans les flots de l'autre... mer!... ah! ah! ah! ah!... c'est un calembourg!.

MADAME TAUPIN, à part, se levant et remettant sa chaise à sa droite.

Dire que j'ai pu me résoudre à être une Taupin!... et que ma fille sera une Beloison! oh! ma race!

CÉLESTINE, se levant.

Papa, voilà les rideaux finis. (Elle les pose sur le guéridon.)

TAUPIN, descendant de l'échelle.

Maintenant, mets quelques fleurs en papier dans les potiches; ça orne. (Célestine va à la console de gauche et met des fleurs dans les vases et dans la carafe.) * Et toi, ma femme, pour ne pas perdre de temps, fais-moi repasser ma leçon d'anglais. (Il prend un livre sur le guéridon.)

MADAME TAUPIN.

Encore une belle manie que vous avez là!

TAUPIN.

Je t'admire, toi!... je désire louer à des anglais parce qu'ils paient bien; et quand on a mis sur son écriteau : Furnished apartment, english spoken here...

MADAME TAUPIN.

Avec ça que vous parlerez bien quand vous aurez appris par cœur ce méchant bouquin.

TAUPIN.

Bouquin!... l'anglais sans maître de Robertson!... je serai de première force, voilà tout.

CÉLESTINE.

Papa n'aurait pas eu besoin de se donner tant de peine s'il m'avait laissé retourner à Londres... j'aurais su parler bien vite.

* Célestine, Taupin, madame Taupin.

TAUPIN.

Bah! bah!... tu verras, tu verras comme je dégoiserai ça... Mylord par ci, milady par là... how doyou do... bifteak... plumpudding!... Les insulaires seront charmés d'entendre leur idiôme et je louerai moitié plus cher! (A sa femme.) Tu n'entends rien aux affaires.

MADAME TAUPIN.

Vous auriez bien mieux fait d'apprendre l'espagnol.

TAUPIN.

L'espagnol ?

MADAME TAUPIN.

Sans doute; au moins vous auriez pu vous occuper vous-même de la riche et interminable succession de ce cousin qui est allé mourir au Mexique.

TAUPIN.

Quel malheur!

MADAME TAUPIN.

Ah! oui, si jeune!

TAUPIN.

Non, je dis quel malheur qu'il soit allé mourir là-bas, plutôt que d'être resté à Paris, où il aurait atteint le même résultat sans nous créer une foule d'ennuis... Encore un qui n'entendait rien aux affaires. (On entend sonner au fond.) On sonne!

MADAME TAUPIN.

Victoire, on sonne!

CÉLESTINE.

C'est peut-être pour l'appartement.

TAUPIN.

Ah! mon Dieu! rangez vite les chaises, les fauteuils...

MADAME TAUPIN.

Et les petits rideaux à poser!

TAUPIN.

Et ces paquets... cette échelle! (Il sort par le fond avec l'échelle.)

VICTOIRE, rentrant par le premier plan à droite.*

Je vas ouvrir, madame.

MADAME TAUPIN.

Non, j'y vais moi-même; aidez Célestine à emporter tout ça.

CÉLESTINE.

Oui, passons par l'escalier de service, nous viendrons prendre le reste tout-à-l'heure.

TAUPIN, rentrant.**

Dépêchons, mes enfants, dépêchons!

* Célestine, madame Taupin.

** Taupin, Célestine, madame Taupin, Victoire.

ENSEMBLE.

Air : *le Bal et la Comédie*

Allons, faisons diligence,
Chacun doit se dévouer,
Et ce matin, quelle chance,
Peut-être va-t-on louer.

(*Madame Taupin sort par le fond, Célestine et Victoire par le pan coupé de droite, avec des paquets et des cartons. — Taupin se hâte de remettre les chaises et les fauteuils en place; il reste un carton en scène.*)

SCÈNE II.

TAUPIN, MADAME TAUPIN, SIR JOHN, ANAIS.

MADAME TAUPIN, entrant par le fond avec sir John et Anaïs.*

Donnez-vous la peine d'entrer, madame, et vous aussi, monsieur.

(Sir John a un plaid et porte un parapluie dans un étui de cuir verni, et une petite valise.)

TAUPIN, à part, voyant entrer John.

Bon! une couverture croisée sur les pectoraux... c'est un anglais.

MADAME TAUPIN.

Mon ami, je pense que ces personnes viennent pour l'appartement.

TAUPIN, à part, passant près de sir John.

Voilà l'instant de lâcher mon Robertson. (Saluant.) Milady... et mylord... venir pour... locachione? (Bas à sa femme.) Je suis un peu interloqué pour la première fois.

SIR JOHN.

What have you to let, sir?

TAUPIN.

Hein?

MADAME TAUPIN, bas à son mari.

Va donc... qu'attends-tu?

TAUPIN, à sir John.

Monsieur m'a fait l'honneur?...

SIR JOHN, plus fort.

What have you to let, sir?

TAUPIN, à part.

Ah! par exemple, voilà qui est particulier!

MADAME TAUPIN, bas.

Eh bien! tu ne réponds pas?

* Madame Taupin, Taupin, sir John, Anaïs.

TAUPIN, de même.

Parbleu !... je compte sur un anglais... et c'est un italien... je ne sais pas l'italien.

ANAIS, à Taupin.

Monsieur ne parle pas l'anglais, à ce que je vois.

TAUPIN.

L'anglais! c'était de l'anglais?

SIR JOHN.

Oh! yes... yes!

TAUPIN, à part.

Eh bien, je ne lui fais pas mon compliment! Fichue prononciation!

SIR JOHN.

Vo comprenez pas moâ?

TAUPIN.

Si... si... au contraire... voilà que ça vient.

SIR JOHN.

Je avais viou... sur la petite cartonnage : english spohen here.

TAUPIN.

Ici on parle anglais... c'est ça.

SIR JOHN.

Furnished apartment.

TAUPIN.

Appartement meublé... ça va tout seul maintenant.

SIR JOHN.

Mais c'était un petit blague de vô, pour attirer le pratique... parce que vô pas parler anglais du tout, du tout... je voyais bien, à l'air stioupide de vô.

TAUPIN, à sa femme, bas.

Comment a-t-il dit?

MADAME TAUPIN, bas.

Stioupide! (Elle remonte et passe à droite.)

TAUPIN.

Comprends pas! (A sir John.) Je manque un pêu d'habitude, voilà.

SIR JOHN, riant.

Oh! yes!... un peu beaucoup fort. (Il remonte.)

MADAME TAUPIN, à Anaïs.*

Madame désire-t-elle l'appartement complet?

TAUPIN.

Salle à manger... salon... cuisine.

ANAIS, regardant autour d'elle.

Ça m'a l'air bien grand.

TAUPIN.

Qu'à cela ne tienne... on peut diviser.

* Sir John, Taupin, Anaïs, madame Taupin.

MADAME TAUPIN, allant ouvrir la porte du premier plan à droite.

Il y a deux chambres indépendantes... (Montrant la gauche.) l'une sur la cour... (Montrant la droite.) l'autre sur la rue.

TAUPIN, désignant la droite.

Un jour superbe; on voit circuler les voitures, les passants; du soleil jusqu'à quatre heures... (A sir John.) et une petite cabinette pour le... barbichionne.

SIR JOHN.

Pas barbichionne!

TAUPIN.

Ce n'est pas de l'anglais?

SIR JOHN.

C'était du anglais de *couisinière.*

TAUPIN, à part, en bousculant son livre.

Satané Robertson, va!

ANAIS, qui pendant ce temps a jeté un coup-d'œil dans la chambre.

Cela me paraît très-convenable.

MADAME TAUPIN.

On a la jouissance du salon avec le locataire de ce côté. (Elle désigne la gauche.)

SIR JOHN, à Anaïs, en revenant près d'elle.*

Alors, ça convenait à vô?

ANAIS.

Oui, sans doute.

SIR JOHN, se retournant vers Taupin.

What price, if you please?

TAUPIN.

Hein? vous demandez si ça fume?

ANAIS, souriant.

Monsieur demande le prix de cette portion de l'appartement.

TAUPIN.

Ah! le prix... je confondais.

SIR JOHN.

Oh! yes... je ôbliais le petit blague à vô.

TAUPIN, à part.

Attends... je vais te faire payer ton petit blague, à toi!

MADAME TAUPIN, à Anaïs.

Est-ce pour la saison?

ANAIS.

Pour un mois seulement.

TAUPIN.

C'est cinq cents francs payés d'avance.

ANAIS.

C'est un peu cher. (Elle passe à droite.)

TAUPIN.**

Une maison tranquille...

* Taupin, sir John, Anaïs, madame Taupin

** Taupin, sir John, Taupin, Anaïs.

MADAME TAUPIN, à sir John.

Et respectable.

SIR JOHN, la regardant.

Oh! yes, beaucoup très-respectable! (Il remonte.)

ANAIS.

Le service est compris?

TAUPIN.*

Sans doute, nous avons une bonne pour tout faire.

ANAIS.

Allons, c'est convenu, si toutefois je puis m'installer immédiatement.

TAUPIN.

Dès qu'il plaira à madame.

MADAME TAUPIN.

Le temps seulement d'enlever quelques petits effets de femme.

ANAIS.

Oh! rien ne presse.

TAUPIN.

Alors je vais rédiger la quittance.

(Sir John passe près d'Anaïs.)

ANAIS.**

Madame veut-elle être assez bonne pour faire monter une petite valise et une boîte à chapeau que j'ai laissées chez le concierge.

MADAME TAUPIN.

Je vais en charger ma domestique. (Anaïs s'assied à droite sur une chaise que lui offre sir John. — Bas à son mari.) C'est un jeune ménage. (Haut.) Victoire! Victoire! (Elle sort par le fond.)

TAUPIN, à part.***

Pour un mois, cinq cents francs!... imbécile! j'aurais pu en avoir six. (Saluant et reprenant son livre sur le guéridon.) C'est égal, je me croyais plus fort sur l'anglais. (Il sort par le premier plan à gauche en écorchant quelques mots d'anglais.)

SCÈNE III.

SIR JOHN, ANAIS.

ANAIS, assise.

Maintenant, monsieur, il me reste à vous remercier. On ne saurait être ni plus aimable ni plus obligeant que vous ne l'avez été depuis quatre heures que j'ai le plaisir de vous connaître et depuis deux que le hasard vous a fait mon chevalier.

SIR JOHN.

Oh! je étais très-satisfaite d'avoir obligé vo.

* Sir John, Taupin, madame Taupin, Anaïs.

** Taupin, madame Taupin, Anaïs, sir John.

*** Taupin, sir John, Anaïs.

ANAIS.

J'étais vraiment dans un grand embarras de me voir si brusquement séparée de mon mari à la dernière station.

SIR JOHN.

Yes. Je avais viou lui courir après la *wagone*... mais pfutt! pfutt! pfutt!... le mécanique courir plus vite encore.

ANAIS.

Que serais-je devenue, toute seule dans ce Paris que je ne connais pas!

SIR JOHN.

Mais, *moa*, je connaissais.

ANAIS, se levant et passant à gauche.*

Et grâce à vous, me voilà installée dans une maison convenable. Je vais remettre un peu d'ordre à ma toilette, puis j'irai attendre l'arrivée du prochain convoi; j'y trouverai, j'espère, monsieur Caramba.

SIR JOHN.

Et j'espère, moa, que je reverrai vous et lui dans le *exhibichione*.

ANAIS.

Je serai charmée de vous y rencontrer. (A part.) C'est-à-dire que j'aurai grand soin de l'éviter; mon mari est si drôle!

SIR JOHN.

A présent je allais quitter vô.

ANAIS.

Au revoir donc, à l'exposition.

SIR JOHN.

Yes. Je voulais faire la *promenachione* dedans tous les *jors*.

ANAIS.

Pour admirer les belles choses qui y sont.

SIR JOHN.

No; je voulais uniquement regarder les jeunes dames parisiennes.

ANAIS, souriant.

Ah! monsieur est amateur?

SIR JOHN.

Yes! beaucoup très-amateur de une... rien que de une... c'était assez.

ANAIS.

A la bonne heure!

SIR JOHN.

Un petit brune que j'avais *viou* à *l'exhibichione* de *Londone*, et que j'avais tombé dans le *amourachione*... et puis après dans le *désolachione*.

ANAIS.

Elle était partie?

* Anaïs, sir John.

SIR JOHN.

Saus dire à moa son *habitachione.*

ANAIS.

Et, dans le nombre, vous espérez la retrouver ?

SIR JOHN.

Oh ! yes... bonjor ! (Il lui prend la main et la secoue très-fort.)

ANAIS.

Encore une fois, mille remerciements, monsieur. (Elle passe à droite.)

SIR JOHN. *

Bonjor !

(Anaïs salue et entre dans la chambre à droite, premier plan.)

SCÈNE IV.

SIR JOHN, puis TAUPIN.

SIR JOHN, seul, à lui-même, en regardant sortir Anaïs.

She is very pretty, indéed! But i have no business here! (Il va pour sortir par le fond).

TAUPIN, entrant par le premier plan à gauche ; un papier à la main.**

Vous sortez, mylord ?

SIR JOHN, du fond.

Goodby !

TAUPIN.

Pardon... pardon, si je vous retiens un moment, c'est pour la petite note.

SIR JOHN.

Oh!... pour lé argent du *locachione* ?

TAUPIN.

Yes... pour lé argent du *locachione.* (A part.) Je finirai par parler très-bien.

SIR JOHN.

Ce n'était pas mon affaire. Donnez cette chose au petit dame.

TAUPIN.

C'est madame votre épouse qui tient la caisse ?

SIR JOHN, redescendant.

Je étais pas le mari à elle.

TAUPIN.

Ah ! vous êtes son frère ?

SIR JOHN.

No.

TAUPIN.

Son oncle sans doute ?

SIR JOHN.

No !

* Sir John, Anaïs.

** Taupin, sir John.

TAUPIN.

Son cousin alors ?

SIR JOHN, impatienté.

No ! no ! no ! no !

TAUPIN.

Ah ! ah ! ah ! ah !

SIR JOHN.

Je étais... son... comment appelez vô ?

TAUPIN.

Dame ! un jeune homme et une jeune dame qui pérégrinent bras dessus, bras dessous. (Riant bêtement.) Hé ! hé ! hé !

TAUPIN.

Air de *Jadis et aujourd'hui*.

J'entends, vous êtes son fidèle ;
L'ami du cœur, ou bien encor
Ce qu'à l'opéra l'on appelle
Un protecteur, un almanzor.

JOHN.

No ! je étais... son... connaissance !

TAUPIN.

Sa connaissance ! oui ! c'est cela !
Par égard pour la bienséance,
Nous avons aussi ce mot là !

Vous êtes sa connaissance ! (Il rit.)

SIR JOHN.

Yes... bonjor ! (Il remonte.)

TAUPIN, à part.

Après ça, qu'est-ce que ça me fait ?

SCÈNE V.

LES MÊMES, CÉLESTINE, puis VICTOIRE.

SIR JOHN, s'arrêtant à la vue de Célestine, qui entre par le pan coupé de droite.*

Oh !

CÉLESTINE, voyant sir John.

Ah !

TAUPIN, passant au milieu.

Quoi ? qu'est-ce que c'est ?

CÉLESTINE, embarrassée.**

Rien, papa, rien... je venais chercher le reste des cartons. (A part.) Lui ! ici ! (Elle prend un carton au fond.)

SIR JOHN, à part.

C'était elle ! *le* petite parisienne de *Londone*.

* Taupin, sir John, Célestine

** Sir John, Taupin, Célestine

VICTOIRE, entrant par le fond avec un carton et un petit sac de voyage, à Taupin. *

Monsieur, voilà ce qui était chez le concierge.

TAUPIN.

Portez ces objets là dedans et dépêchez-vous.

VICTOIRE.

Avec ça qu'on se fait du lard ici ! (Elle sort par le premier plan à droite.)

TAUPIN, criant.**

Qu'est-ce que c'est que ça, du lard ?

SIR JOHN, à part.

Oh ! mon cœur faisait comme les tambours françaises... plan... plan... ra... ra... ta plan (Bas à Célestine.) Miss...

TAUPIN, se retournant.

Va, ma fille. (Sir John s'est éloigné de Célestine.)

CÉLESTINE, passant à droite.***

Oui, papa. (A part.) Comment est-il ici ? (Elle sort par le pan coupé de droite. Victoire rentre par le premier plan à droite, avec une robe et un mantelet.)

TAUPIN, à Victoire.****

Allons, Victoire, montez vite cette robe, ce mantelet et prenez garde de les chiffonner.

VICTOIRE.

Ah ! dame... s'il faut prendre des mitaines...

TAUPIN.

Je ne vous parle pas de mitaines.

VICTOIRE, remontant.

Eh ! seigneur ! ne criez pas, on n'est pas sourde ! (Elle sort par le pan coupé de droite.)

TAUPIN, criant à la porte.

Pas sourde, non ! mais beaucoup trop forte... en gueule... comme on dit à la Comédie-Française.

SCÈNE VI.

SIR JOHN, TAUPIN.

SIR JOHN, à part.

C'était le père à elle, cette vieille bonhomme !

TAUPIN, à part en se retournant.

Ah ça ! l'anglais ne s'en va donc pas ?

SIR JOHN, à part.

Oh ! je avais une *inspirachione*. (Haut.) Mosié... je venais de *réflectionner* dans le intérieur à *moa*. Ce petit chambre il était aussi à *louier* ? (Il désigne la gauche.)

* Sir John, Célestine, Victoire, Taupin.

** Sir John. Célestine, Taupin.

*** Sir John, Taupin, Célestine.

**** Sir John, Taupin, Victoire.

TAUPIN.

A louier? (Comprenant.) Ah! à louer! je comprends... oui, cette chambre est à *louier*. (A part.) Nous y voilà.

SIR JOHN.

Je prendre lui *tot* de suite.

TAUPIN, à part.

Nous voulons rester près de notre connaissance.

SIR JOHN.

Le maisone convenait beaucoup infiniment à *moa*.

TAUPIN.

Oui, le voisinage surtout.

SIR JOHN.

How much?

TAUPIN.

Ao... meutche! (A part.) Il me semble que j'ai vu ça dans Robertson... *ao, meutche!*

SIR JOHN.

Yes... combien?

TAUPIN.

Ah! je le tenais!... combien... le prix? ao... meutche? sept cents francs par mois.

SIR JOHN, se récriant.

Oh!

TAUPIN, à part.

Je te fais payer ton petit blague.

SIR JOHN.

C'était *plou* cher que celui du petit dame?

TAUPIN.

Certainement! votre chambre est sur la cour... une vue charmante, la campagne... moins les arbres... jamais de soleil, ce qui est précieux dans cette saison, et si vous aimez la musique, il y a en face une classe de trompette.

SIR JOHN, ouvrant son portefeuille.

Je payais *vo to* de suite.

TAUPIN, à part.

Il accepte sans barguigner! (Prenant les billets que lui donne sir John.) Imbécile! j'en aurais eu huit! (Haut.) Je vais faire la quittance.

SIR JOHN.

Inioutile! (Lui serrant la main.) Vous étiez le père à elle... c'était assez!

TAUPIN.

Le père à elle?...

SIR JOHN.

Yes... bonjor vô! (Lui serrant la main très rudement.) Bonjor, père à elle! (A part.) J'étais dans le enchantement de la satisfachione. (Il sort par le premier plan à gauche.)

TAUPIN, seul.

Le père à elle!... ai-je lu ça dans Robertson? le père à elle!..

Ah! je comprends, ma qualité de père de famille lui inspire de la confiance... noble étranger! mais quelle heureuse idée j'ai eu de louer mon appartement!

SCÈNE VII.

MADAME TAUPIN, VICTOIRE, tenant à la main une bottine qu'elle est en train de cirer. — elles entrent par le fond, TAUPIN.

MADAME TAUPIN, se querellant avec Victoire.

Allons donc, vous n'y pensez pas et je crois que vous perdez la tête.

VICTOIRE.

Madame, quand on a une domestique aussi dévouée, aussi travailleuse que moi et qui n'a qu'un cousin dans les zouaves...

MADAME TAUPIN.

Assez, finissons! et brossez mes bottines.

TAUPIN.

Qu'est-ce qu'il y a donc encore?

MADAME TAUPIN, passant près de son mari.*

Mademoiselle qui demande de l'augmentation, sous prétexte qu'elle a trop d'ouvrage.

TAUPIN.

Trop d'ouvrage!... par exemple! (On sonne à droite.)

MADAME TAUPIN.

Allez voir ce que désire cette dame.

VICTOIRE, passant au milieu. **

Bon! une de plus qu'il faudra servir, pas vrai?

TAUPIN.

Parbleu!

VICTOIRE, à part, passant à droite.***

Qué cassine! seigneur de Dieu! je m'en fais de ce mauvais sang! (Elle sort par la droite, premier plan.)

TAUPIN, à sa femme, avec éclat.****

Eh bien! bobonne?

MADAME TAUPIN.

Ne m'appelez donc pas bonc pas bonbonne, monsieur, ça me révolte les nerfs.

TAUPIN.

Je n'avais pas le sens commun, ma location était une bêtise... regarde! (Il lui montre les billets de banque.)

MADAME TAUPIN.

Sept cents francs!

TAUPIN.

J'ai loué la petite chambre au jeune english de la dame.

* Victoire, madame Taupin, Taupin,

** Madame Taupin, Victoire, Taupin.

*** Madame Taupin, Taupin, Victoire.

**** Madame Taupin, Taupin.

MADAME TAUPIN.

Ils ne sont donc pas mariés ?

TAUPIN.

Chut !

MADAME TAUPIN, se récriant.

Ah ! quelle horreur !

Air du *Premier Prix*.

Sous le toit d'une chaste épouse,
Abriter de pareilles gens !

TAUPIN.

Ma chère, cinq et sept font douze !

MADAME TAUPIN.

Souffrir de tels déportements !

TAUPIN.

Hein ! quel profit pour nos finances !
Douze cents francs !

MADAME TAUPIN.

Homme immoral !
Réfléchissez aux convenances !

TAUPIN.

Et toi réfléchis... au total !
Oui, l'important, c'est le total !

MADAME TAUPIN.

Et votre fille... monsieur?

TAUPIN.

Pour elle... comme pour tout le monde... ils seront mariés, voilà tout... et c'est douze cents francs de bénef.

MADAME TAUPIN.

Ame vénale ! J'espère que tu me donneras des épingles, lou lou !

TAUPIN.

Nous verrons ça, nous verrons ça... si tu es gentille.

VICTOIRE, ressortant de chez Anaïs avec une paire de bottines à la main.*

Oui, madame, tout de suite. (Elle ferme la porte.) Eh ! allez donc!... encore des bottines à brosser... les vôtres, celles de mademoiselle, les bottes à monsieur... et du chocolat qu'il faut à cette dame !

MADAME TAUPIN.

Du chocolat ?

VICTOIRE.

Faudra peut-être que je le fasse aussi.

MADAME TAUPIN, allant à Victoire.**

Il me semble que c'est votre affaire.

(On sonne chez sir John.)

* Madame Taupin, Taupin, Victoire.
** Taupin, madame Taupin, Victoire.

TAUPIN.

C'est l'autre locataire, le jeune anglais.

VICTOIRE.

Encore un !

MADAME TAUPIN.

Voyez ce qu'il veut.

VICTOIRE, passant au milieu.*

Ça ne finira donc pas ?

SIR JOHN, entrebaillant la porte de gauche, premier plan; et passant ses bottes.**

C'était pour les bottes à *mod.*

TAUPIN.

Prenez, Victoire.

(Victoire passe à gauche.)

MADAME TAUPIN.***

Mais prenez donc !

(Victoire prend les bottes.)

SIR JOHN.

Je demandais aussi un pétit tasse de thé.

VICTOIRE.

Du thé à présent !

SIR JOHN.

Et un petit ômelette. (Il ferme sa porte.)

VICTOIRE.****

Aux fines herbes peut-être !... excusez du peu ! (Se croisant les bras en tenant les bottines d'une main et les bottes de l'autre.) Et vous croyez que ça peut marcher comme ça pour vingt-cinq francs par mois ?

MADAME TAUPIN.

Vous allez recommencer ?

VICTOIRE.

Il me faut de l'augmentation ou je m'en vais.

MADAME TAUPIN.

De l'augmentâtion !

TAUPIN.

Eh bien ! cette fille a raison ! Vous avez raison, Victoire ; je vous augmente... de dix francs.

VICTOIRE.

Par jour ?

TAUPIN.

Par an ! (Il remonte.)

VICTOIRE, passant au milieu.*****

Une belle poussée ! merci ! tuez-vous donc le corps et l'âme pour servir des cancres de bourgeois.

* Taupin, Victoire, madame Taupin.
** Sir John, Taupin, Victoire, madame Taupin.
*** Sir John, Victoire, Taupin, madame Taupin.
**** Victoire, Taupin, madame Taupin.
***** Taupin, Victoire, madame Taupin.

MADAME TAUPIN.

Qu'est-à-dire?

VICTOIRE.

Oui, que pour tripoter ses appartements, faut être des cancres et des grippe-sous!

MADAME TAUPIN.

Elle nous injurie!

TAUPIN, redescendant.

Victoire! je vous rappelle à l'ordre.

VICTOIRE, à madame Taupin.

Voulez-vous me donner dix francs par jour?

MADAME TAUPIN.

Non!

VICTOIRE, à Taupin.

Cinq francs, alors?

TAUPIN.

Non!... cinq sous je ne dis pas!

VICTOIRE.

Eh bien! liberté!... libertas! Tenez, v'là les bottines de votre locataire, (Elle les met sur les bras de madame Taupin.) les bottes de l'english, (Elle les met sur les bras de Taupin.) les brosses, votre tablier, tout le bataclan! (Elle donne les brosses à madame Taupin, le tablier à Taupin.) Eh! allez donc!... allez faire votre chocolat... votre pétit ômelette. (Riant.) Ah! ah! ah!... ça sera cocasse... madame cuisinière... et monsieur valet de chambre! (Elle remonte.)

MADAME TAUPIN.

Insolente!

TAUPIN.

Victoire!

VICTOIRE, se retournant.

Et plus souvent que je manquerai de place; quand ça ne serait que chez le propriétaire, un homme seul... pas du tout cancre, lui, et qui me fait de l'œil.

TAUPIN ET MADAME TAUPIN.

Sortez! sortez!

ENSEMBLE.

Air : *L'heure presse, ma chère.*

TAUPIN ET MADAME TAUPIN.	VICTOIRE.
Vit-on pareille audace	Au diable cette place!
Et ton plus insolent!	En deux mots comme en cent,
De chez moi, je vous chasse,	Vot' service m'agace
Décampez à l'instant!	Et je sors à l'instant!

(*Victoire sort par le fond. — M. et madame Taupin, les bras embarrassés, se regardent un moment sans rien dire.*)

SCÈNE VIII.

TAUPIN, MADAME TAUPIN.

MADAME TAUPIN.

Nous voilà dans un joli embarras maintenant !

TAUPIN, mettant les bottes à terre et le tablier sur une chaise.

C'est l'Exposition qui tourne la tête à tout le monde.

MADAME TAUPIN, posant les bottines et les brosses sur le guéridon.

Je vous conseille d'en parler !

TAUPIN.

Bah ! du thé... une omelette... ce n'est pas difficile à faire, tu verras.

MADAME TAUPIN.

Moi ! fricotter ! jamais, monsieur !

TAUPIN.

Eh bien ! c'est bon !... parbleu ! je fricotterai... je ferai l'omelette... et si tu veux seulement ôter un peu la poussière des bottines... (Il lui présente les bottines et une brosse.)

MADAME TAUPIN.

Fi donc ! vous êtes fou !

TAUPIN.

Mais sapristi ! nous avons loué meublé, service compris... et à moins de rendre l'argent...

(On sonne à droite.)

MADAME TAUPIN, arrachant les bottines et la brosse à son mari, et se mettant à brosser.

Allons, donnez... je ne vous pardonnerai jamais de me faire faire un métier pareil ! (On sonne encore à droite. — Allant à la porte et d'un air gracieux.) Que désire madame ?

ANAIS, dans sa chambre.

Mes bottines, s'il vous plaît... et la bonne pour m'aider à me lacer.

MADAME TAUPIN, à son mari.

Si vous comptez que je lui servirai aussi de femme de chambre ! Non ! non ! non !

TAUPIN.

Voilà-t-y pas une affaire ! pour un corset à lacer... j'y vais.

MADAME TAUPIN, se plaçant devant la porte.

Que je vous y prenne, dévergondé !

TAUPIN.

Dame ! aussi, tu n'es bonne à rien.

MADAME TAUPIN.

Au moins, monsieur, courez au bureau de placement... ayez une domestique et ne rabaissez pas davantage une femme de race ! (Elle entre chez Anaïs; aussitôt on sonne à gauche.)

TAUPIN, seul.

Allons, bien !... l'autre avec ses bottes ! Ah ! tant pis ! je vais y donner un petit coup à la diable ! (Il prend le tablier de Victoire et le met devant lui ; puis il prend la brosse et se met à brosser une botte.) Je ne suis pas fier... je n'ai pas de caste, moi !... mais c'est égal, ce n'est pas amusant d'être forcé de... (On sonne au fond.) Encore ! c'est à la porte !... quelque visite pour mes locataires ! (Appelant.) Victoire !... Vic... Ah ! que je suis bête !... satanée fille, va ! Je crois que j'aurais mieux fait de l'augmenter ! (On sonne de nouveau.) Un peu de patience, donc ! (Il sort par le fond sans quitter son tablier et la botte qu'il cirait.)

SCÈNE IX.

SIR JOHN, CÉLESTINE, puis TAUPIN.

(Sir John entre par le premier plan à gauche, pendant que l'on sonne au fond et que Célestine entr'ouvre la porte du pan coupé de droite.)

CÉLESTINE, à part.

Si je pouvais le revoir !... apprendre comment il se trouve ici.

SIR JOHN, restant sur le seuil de sa porte, une sonnette à la main.

Domestique !... domestique ! (Il aperçoit Célestine.) Oh !

CÉLESTINE, tenant la porte d'une main.

Vous, monsieur, dans cette maison ?

SIR JOHN.

Yes ! le fortioune à moâ... avait conduit moâ près de vô.

CÉLESTINE.

Vous ne m'aviez donc pas oubliée ?

SIR JOHN.

No ! no ! je pensais à *vô, tojor, tojor, tojor !* (A chaque mot il frappe sur son cœur sans s'apercevoir qu'il sonne en même temps.)

CÉLESTINE.

Mais ne sonnez donc pas, monsieur... on vient ! (Elle referme vivement sa porte ; sir John ferme aussi la sienne.)

TAUPIN, entrant par le fond et voyant les deux portes qui se ferment violemment.

Il y a un fort courant d'air ici !

SCÈNE X.

CARAMBA, TAUPIN.

CARAMBA, paraissant au fond.

Eh bien ! vous m'ouvrez la porte et vous me plantez-là !

TAUPIN, cirant toujours sa botte.

Pardon, monsieur, on sonnait de ce côté...

CARAMBA.

Vous êtes le décrotteur de la maison ?

TAUPIN.

Comment, le décrotteur !

CARAMBA.

Le domestique, voyons, ne jouons pas sur les mots.

TAUPIN, passant à gauche et ramassant l'autre botte.*

Ah! oui... c'est à cause de... non, monsieur, non... ce que j'en fais, c'est par obligeance pour mes locataires. (Entr'ouvrant la porte de John et passant les bottes dans la chambre.) Voilà vos bottes, monsieur. (Revenant à Caramba et ôtant son tablier, avec dignité.) Je suis le maître de la maison. (Il jette le tablier sur une chaise et met la brosse sur le guéridon.)

CARAMBA.

Alors c'est vous qui louez des chambres ?

TAUPIN.

Oui, monsieur, mais il n'y en a plus.

CARAMBA.

Alors pourquoi laissez-vous l'écriteau à la porte ? on n'expose pas le public à monter trois étages pour se casser le nez.

TAUPIN.

C'est juste, mais...

CARAMBA.

Et à qui avez-vous loué?

TAUPIN.

A qui ?... Monsieur, je vous ferai observer...

CARAMBA.

Pas d'observations! A qui ?

TAUPIN, brusquement.

A un monsieur et à sa femme.

CARAMBA.

Des gens mariés ?

TAUPIN, de même.

Un jeune ménage.

CARAMBA.

Vous en êtes sûr ?

TAUPIN, de même.

Très-sûr. (A part.) Qu'est-ce que c'est que cet animal-là ?

CARAMBA, à part.

Au fait, c'est possible !... pourtant on m'a bien assuré...

TAUPIN.

Ainsi, monsieur, n'ayant rien à louer...

CARAMBA.

Vous me priez de sortir ?

TAUPIN.

Pas précisément... mais vous avez l'air très-agité.

CARAMBA.

On le serait à moins ! J'arrive de Mantes sur une locomotive

* Taupin, Caramba.

que j'ai fait chauffer pour moi seul ; ça ma coûté cinq cents francs. Le vent m'a porté le sang à la tête, j'ai du sable dans les yeux... donnez-moi de l'eau.

TAUPIN.

De l'eau ?

CARAMBA.

Pour me bassiner. (Il remonte et va à la console de gauche.)

TAUPIN, à part, passant à droite.*

Il va se médicamenter chez moi !

CARAMBA, voyant la carafe.

Ah ! voilà mon affaire ! (Il se verse de l'eau dans la main et se mouille les yeux après avoir jeté les fleurs que Taupin a ramassées et mises sur le guéridon.)

TAUPIN.

Faites donc attention, monsieur, vous répandez de l'eau sur le tapis !

CARAMBA.

Vous le ferez sécher. (Il prend un rideau sur une chaise, s'essuie les mains avec et le jette au fond.)

TAUPIN, à part, passant à gauche.**

Qu'est-ce qu'il me veut, cet être-là ?... d'où sort-il ?

CARAMBA, posant une chaise devant lui.

Asseyez-vous.

TAUPIN.

Merci ! je ne suis pas fatigué.

CARAMBA.

Asseyez-vous, démonio !

TAUPIN, à part.

Démonio !... c'est quelque chinois.

CARAMBA, s'asseyant.

Ecoutez-moi.

TAUPIN, à part, s'asseyant.

J'ai presque envie d'appeler !

CARAMBA.

Etes-vous marié ?... êtes-vous veuf ?

TAUPIN.

Pour l'instant je suis veuf... de ma bonne Victoire.

CARAMBA.

Alors vous avez été marié ?... Tant mieux, vous me comprendrez ; car je le suis, malheureusement... je le suis !

TAUPIN.

Je ne dis pas non.

CARAMBA.

Quand vous le diriez, cela m'empêcherait-il de l'être ?

* Caramba, Taupin.

** Taupin, Caramba.

TAUPIN.

Non, non! (A part.) Le fait est qu'il en a l'encolure! Eh! eh!

CARAMBA.

Monsieur, je suis Mexicain.

TAUPIN, à part.

C'est donc ça!... un sauvage!

CARAMBA.

Je chasse le buffle... (Taupin se recule.) dans les plaines désertes, et je me suis enrichi dans le commerce des viandes salées.

TAUPIN, à part.

Je vous demande ce que ça peut me faire!

CARAMBA.

A l'un de mes voyages en France, désirant me marier, pour voir ce que c'est, j'ai épousé la fille d'un de mes correspondants... une délicieuse bordelaise...

TAUPIN.

Une jambe qu'on s'en meurt d'aise!

CARAMBA, avec fureur, se levant.

Vous avez vu la sienne?

TAUPIN, se levant.

Non! je cite le proverbe; c'est une citation.

CARAMBA, se calmant.

Heureusement pour vous.

TAUPIN, à part.

Je ne suis pas tranquille avec ce peau-rouge! (Il replace les chaises.)

CARAMBA.

Ma femme a désiré voir l'Exposition; hier, nous avons débarqué au Havre; ce matin nous avons pris le premier train. Dans ce train il y avait des voyageurs... hommes; ma femme est très-coquette... comme toutes les femmes... comme la vôtre, sans doute.

TAUPIN.

Mais, monsieur...

CARAMBA.

C'est vrai, pardon... *Requiescat!*... n'en parlons plus. A Mantes, dix minutes d'arrêt; Anaïs me dit: Caramba! — Je me nomme Caramba. — Mon ami, j'ai faim; je cours au buffet et je lui rapporte une brioche; la brioche mangée, Anaïs prétend qu'elle a soif.

TAUPIN.

C'était assez naturel.

CARAMBA.

Vous trouvez, vous? Voyez la suite.

TAUPIN, à part.

Notez que ça ne me touche en rien!

(En ce moment Célestine montre sa tête à la porte du pan coupé de droite et écoute.)

CARAMBA.*

Je recours au buffet.

TAUPIN.

Autre brioche !

CARAMBA.

A peine y étais-je, en train de préparer un verre d'eau sucrée... ron... ron... ron !... parti à toute vapeur !

TAUPIN.

Le convoi ?

CARAMBA.

Avec ma femme et le jeune drôle !

TAUPIN.

Ah ! il y avait un ?...

CARAMBA.

Un anglais... oui.

TAUPIN.

Un anglais !

CÉLESTINE, à part.

Qu'entends-je !

CARAMBA.

Qui était en face d'elle et qui avait affecté de ne pas la regarder un seul instant ; vous comprenez alors la faim, la soif... pur prétexte !... ils étaient de connivence !

CÉLESTINE, à part.

Quelle indignité ! (Elle referme sa porte.)

CARAMBA.**

Mais je les retrouverai... je les pulvériserai comme... (Il lève les mains comme pour briser le cabaret qui est sur le guéridon.)

TAUPIN, s'élançant pour l'arrêter.

Monsieur... monsieur... c'est très-fragile.

CARAMBA.

Eh ! votre mauvaise vaisselle !

TAUPIN, piqué.

Mauvaise vaisselle !... façon Sèvres, monsieur !... façon Sèvres !

CARAMBA.

D'après les informations que j'ai prises, et d'indices en indices, j'ai acquis la certitude qu'ils s'étaient retirés dans cette rue, dans cette maison... ou la voisine ; ainsi vous allez me montrer vos locataires, faites les venir.

TAUPIN.

Monsieur, vous me demandez là une chose...

* Taupin, Caramba, Célestine.

** Taupin, Caramba

CARAMBA.

Il suffit ! Je ne la demande plus... je l'exige ! (Tapant du pied avec force.) Je ne sors pas d'ici que je n'aie vu cette femme que vous dites mariée. (Il s'assied à droite.)

TAUPIN.

Mais sapristi ! vous ébranlez la maison, vous allez effondrer le plancher.

CARAMBA.

Où est-elle ? monsieur, où est-elle ?

TAUPIN, à part.

Si c'est la petite, il va tout massacrer.

CARAMBA, se levant et passant à gauche.

Vous refusez de me la montrer ?

TAUPIN, voyant entrer sa femme par le premier plan à droite.*

Quelle idée ! (Haut.) Monsieur, la voilà !

SCÈNE XI.

Les Mêmes, Madame TAUPIN, sortant de chez Anaïs.

CARAMBA.**

Ça ?

MADAME TAUPIN, à part, voyant Caramba qui l'examine.

Comment, ça ! (Bas à son mari.) Quel est cet étranger ?

TAUPIN, bas à sa femme.

Dis que c'est toi ou nous sommes morts ! (Il la fait passer au au milieu.)

MADAME TAUPIN, effrayée.***

Hein ?

CARAMBA, à madame Taupin.

Vous êtes la femme mariée qui habite cet appartement ?

MADAME TAUPIN.

Oui... oui... monsieur.

CARAMBA, à Taupin.

Qu'est-ce que vous me chantiez, vous ?... un jeune ménage ! Vous êtes donc myope ?

TAUPIN.

Comment, myope !

CARAMBA.

Madame, excusez-moi ; maintenant que je vous ai vue, je suis satisfait !... quand je dis satisfait... n'importe. (Il remonte.) Je retourne à mon hôtel.

TAUPIN, respirant.

Enfin !

* Caramba, Taupin.

** Caramba, Taupin, madame Taupin.

*** Caramba, madame Taupin, Taupin

CARAMBA, redescendant.*

L'hôtel de l'Univers... où l'on ma loué un trou au poids de l'or.

TAUPIN.

Ne m'en parlez pas, on abuse de la présence des étrangers à Paris...

CARAMBA.

Je réclame l'assistance de l'autorité, puis je reviens fouiller le voisinage.

TAUPIN.

Eh bien ! c'est ça, bonne chance !

CARAMBA.

Madame, je vous salue... monsieur, je suis content d'avoir fait votre connaissance; vous avez l'air d'un bon homme... je reviendrai vous voir.

TAUPIN.

Je m'absente toute la journée.

CARAMBA.

Je viendrai le soir.

TAUPIN, à part.

Que le diable l'emporte !

CARAMBA.

Puisque vous êtes veuf, ne vous remariez jamais.

MADAME TAUPIN, à part.

Veuf !

CARAMBA, avec fureur.

Mais quant à lui... quant à elle...

Air : *le Luth galant.*

Cent fois malheur à ce couple éhonté !
Malheur à ceux qui l'auront abrité !
Ma fureur et mes droits seront mes seuls arbitres.
En chasseur de taureaux,
Je traite ces bélitres ;
Et sans rien écouter, tout en brisant les vitres,
Je leur brise les os ! (bis.)

(*Caramba donne un coup de pied à une chaise qu'il trouve sur son passage et sort par le fond; Taupin s'empresse de la relever, pendant que l'on entend Caramba fermer la porte avec violence.*)

SCÈNE XII.

MADAME TAUPIN, TAUPIN, puis ANAIS.

TAUPIN.

C'est un antropophage !

* Madame Taupin, Caramba, Taupin.

MADAME TAUPIN.

Ah ça, monsieur Taupin, m'expliquerez-vous ?...

TAUPIN.

Ah ! quelle aventure !... nous l'avons échappée belle !... mais il n'y a pas de temps à perdre. (Frappant à la porte d'Anaïs.) Madame !... madame !

ANAIS, paraissant.*

Vous désirez me parler, monsieur ?

TAUPIN.

Oui, madame, certainement, car je suis outré... on n'expose pas les gens à être dévorés par des animaux sauvages, des hommes jaune-cuivre... comme celui qui sort d'ici... votre mari, enfin, votre buffle de mari !

ANAIS.

Mon mari !...

TAUPIN.

Que vous avez lâché sur la voie ferrée entre une brioche et un verre d'eau !

MADAME TAUPIN.

Ah ! quelle infamie !

ANAIS.

Mon mari ici !... et vous ne m'avez pas avertie !

TAUPIN.

Heureusement, car il sait tout... il vous cherche, vous et votre complice... le jeune anglais !...

ANAIS.

Comment, monsieur, vous pourriez supposer ?... quelle horreur ! c'est une calomnie !...

TAUPIN.

A d'autres !... à preuve qu'il a loué cette chambre pour être plus près de vous.

MADAME TAUPIN, seécriant. rI·

Ah ! ciel de Dieu !

ANAIS,

Si mon mari vient à savoir tout cela que croira-t-il, lui si jaloux, si colère ? et comment le retrouver maintenant ?

TAUPIN.

Attendez ! il m'a dit qu'il logeait hôtel de l'Univers.

ANAIS.

Je vais y courir. (Elle rentre chez elle.)

TAUPIN, à la porte.**

C'est ça, courez-y... ne vous pressez pas, mais courez-y !

MADAME TAUPIN.

Ah ! c'est du beau !... c'est du propre !

TAUPIN, revenant à elle.

Bien ! ce n'est pas assez de ce qui arrive... tu vas encore...

* Madame Taupin, Taupin, Anaïs.

** Madame Taupin, Taupin.

MADAME TAUPIN.

Et votre fille, malheureux, dont ce scandale va ternir la candeur !

TAUPIN.

Et l'omelette, le thé de l'anglais ! il a payé, lui ! (Mouvement de madame Taupin.) Bichette, je t'en conjure, va mettre de l'eau sur le feu.

MADAME TAUPIN, avec indignation.

Ah ! (Elle remonte et s'arrête à la porte.) Y a-t-il au moins de la braise ?

TAUPIN.

Sous le fourneau. (Madame Taupin sort par le fond.)

ANAIS, rentrant avec son châle et un chapeau à rubans ponceau. *

Monsieur, y a-t-il des voitures près d'ici ?

TAUPIN.

Au bout de la rue, à gauche... je vais vous y conduire.

ENSEMBLE.

Air de *Tambour battant*.

Ah ! quelle aventure !
Craignez un malheur ;
Car je vous assure
Qu'il est en fureur !

ANAIS.

Ah ! quelle aventure !
Craignons un malheur ;
Car, tout me l'assure,
Il est en fureur !

(*Taupin sort avec Anaïs par le fond ; aussitôt Célestine rentre par le pan coupé de droite et vient toute suffoquée tomber sur une chaise à droite*)

SCÈNE XIII.

SIR JOHN, CÉLESTINE.

CÉLESTINE.

Une intrigue ! quelle horreur !

SIR JOHN, entrant par le premier plan à gauche.

Enfin ils étaient partis, et je pouvais causer dans le tête-à-tête. Miss, permettez...

CÉLESTINE, se levant et passant à gauche.

Laissez-moi, monsieur... c'est affreux c'est indigne !

SIR JOHN. **

Oh !... pourquoi ces vilains mots ?

CÉLESTINE.

Je sais tout, monsieur.

* Taupin, Anaïs.
** Célestine, sir John

SIR JOHN.

Tout ?

CÉLESTINE.

Quelques mots que j'ai entendus à travers cette porte m'ont éclairée sur vos sentiments.

SIR JOHN.

Je comprenais pas vô.

CÉLESTINE.

Nierez-vous que vous soyez venu ici avec une femme ?

SIR JOHN.

No, ce était le vérité.

CÉLESTINE.

Oh !... une femme pour laquelle vous avez retenu cet appartement ?

SIR JOHN.

Ce était toujours le vérité.

CÉLESTINE.

Vous l'avouez !

SIR JOHN.

Yes, je avouais... mais je connais pas ce dame.

CÉLESTINE.

Par exemple !

SIR JOHN.

Je avais viou loui aujord'hui pour le premier fois... il était dans le afflictione de avoir perdiou son mari sur la rail-way... et, en arrivant à Paris, je avais poliment offert à milady de servir à loui de Cornac.

CÉLESTINE.

Il serait possible !

SIR JOHN.

Yes ! yes !... très possible.

CÉLESTINE.

Quoi ! c'est par hasard, par pure obligeance ?

SIR JOHN.

Par piure obligeance, voilà toute !

CÉLESTINE.

Vous ne songez pas à cette dame ? vous ne l'aimez pas ?

SIR JOHN, gravement.

Je ne songeais qu'à un seul personne, je ne aimais qu'un seul personne... je ne avais quitté le Angleterre que pour un seul personne... et ce seul personne, ce était vô.

CÉLESTINE.

Vrai ?

SIR JOHN.

Yes, je le jurais, sur cette main que je baisais !

(John tombe aux pieds de Célestine et lui baise la main. — Taupin entre par le fond avec une théière et pousse un cri de surprise.)

SCÈNE XIV.

LES MÊMES, TAUPIN.

TAUPIN. *

Ah !

SIR JOHN.

Oh !

CÉLESTINE.

Ciel ! papa ! (Elle se sauve par le pan coupé de droite.)

TAUPIN, qui s'est répandu le thé sur les doigts.**

Saperlotte ! je me suis échaudé ! (Il met la théière sur le guéridon.)

SIR JOHN, à part.

La père ! je étais très embarrassé.

TAUPIN, avec colère.

Monsieur, que faisiez-vous là... dans cette posture de cordonnier ?

SIR JOHN.

Je... je... how do you do, sir ?

TAUPIN.

Je me haoudouille fort bien, monsieur... mais il ne s'agit pas de ça ! m'expliquerez-vous ?...

SIR JOHN.

Oh ! verry well !... je demandais à vô le main du fille à vô.

TAUPIN.

Le main de mon... allons, bien ! voilà que je baragouine aussi ! (Se reprenant.) La main de ma fille ?

SIR JOHN.

Yes, je aimais loui et je étais aimé de loui.

TAUPIN.

Une séduction en cinq minutes !

SIR JOHN.

Oh ! no... pas *cinque* minutes... il y avait cinq ans.

TAUPIN.

Cinq ans !

SIR JOHN.

Nous avions conniou nous au Great-Exhibition de London.

TAUPIN, à lui-même.

Ah ! voilà donc pourquoi elle voulait y retourner !... J'aurais dû m'en douter !

SIR JOHN.

Je avais défendiou elle et son vieux tante en boxant moi contre une cochman insolente... je avais cassé le mâchoire à lui et le amour il avait, en même temps, cassé le cœur à moâ.

* Célestine, Taupin, sir John

** Taupin, sir John.

TAUPIN.

C'est possible, monsieur, mais vous perdez votre peine, la main de ma fille est promise.

SIR JOHN.

Vô reprendrez le parole à vô.

TAUPIN.

Non pas, monsieur, non pas! Et même, d'après ce que je viens d'apprendre, il n'est pas convenable que nous logions plus longtemps sous le même toit.

SIR JOHN.

Vô voulez déménager?

TAUPIN.

Déménager?... par exemple! c'est vous qui allez déguerpir.

SIR JOHN.

Moâ?

TAUPIN.

Vous même. Aimer ma fille sans mon consentement!... vous introduire dans mes lares pour lui faire la cour!... je vous flanque à la porte.

SIR JOHN.

Oh! ce était encore un bon blague de vô. (Il remonte.)

TAUPIN, à part, passant à droite.*

Toujours son bon blague!

SIR JOHN.

Vous n'avez pas le droit de ficher moâ à le porte.

TAUPIN.

Pas le droit?

SIR JOHN.

No... je avais louié le appartement... je avais payé vô... je étais chez moâ pour un mois... et je restais chez moâ... pour un mois.

TAUPIN, à part.

Il a raison, il a louié... Ah! quelle fichue idée j'ai eue là!

JOHN, portant le plateau sur la console de gauche, près de laquelle il s'assied.)

Ainsi, faisez-moi le plaisir de laisser moâ prendre le thé tranquillement. (Il se verse du thé avec le plus grand sang-froid, et le prend en tournant le dos à la porte d'entrée.)

TAUPIN, à part, s'asseyant à droite.

Ah! j'enrage! je suffoque!

SCÈNE XV.

LES MÊMES, CARAMBA.

CARAMBA, faisant irruption par le fond.**

J'en étais sûr!... cet homme me trompait!

* Sir John, Taupin.

** Sir John, Caramba, Taupin.

TAUPIN, à part, se levant.

Hein ? encore lui !

JOHN, à part.

Oh ! le mari du petit voyageuse.

CARAMBA.

Ah ! ah ! il paraît qu'on se moquait de moi.

TAUPIN, à part.

Il va recommencer ! (Haut.) Monsieur, permettez...

CARAMBA.

Me prenez-vous pour un jobard ?... à cinquante pas de cette maison je me suis ravisé... j'ai rebroussé chemin... j'ai exploré les alentours de votre bicoque...

TAUPIN.

Monsieur !

CARAMBA.

Et à l'espagnolette d'une fenêtre de cet étage, j'ai aperçu une preuve certaine, irrécusable.

TAUPIN.

Une preuve ?

CARAMBA.

Je suis sûr de mon fait; ma femme est ici.

TAUPIN.

Laissez-moi vous dire...

CARAMBA.

Quoi ? de nouvelles impostures ?

TAUPIN, à part.

Quel enragé !

JOHN, à part.

Il avait été mordiu par un dog !

CARAMBA, d'un ton plus calme.

Monsieur, vous m'avez gouré, berné, comme un imbécile... que vous êtes.

TAUPIN.

Ah ! mais, à la fin...

CARAMBA.

Ne m'interrompez pas ! je pourrais vous demander raison de ce procédé... mais je veux y mettre des formes.

TAUPIN.

C'est heureux !

CARAMBA.

Voyons, je suis calme.

TAUPIN.

Merci !

CARAMBA.

Je crois jusqu'à présent avoir montré de la douceur.

TAUPIN, à part.

Ah ! oui, parlons-en !

CARAMBA.

Mais ne m'exaspérez pas, ou je serais capable de tout.

JOHN, à part.

Ce était une chacal !

CARAMBA, à Taupin.

Où est-elle ?... où la cachez-vous ?

TAUPIN.

Mais je ne la cache pas.

CARAMBA, lui saisissant la main.

Où la cachez-vous, démonio ?

TAUPIN, passant à gauche.*

Monsieur, voulez-vous me laisser !

CARAMBA.

Eh bien ! je la trouverai ! (Il donne un coup de pied dans la porte de droite, premier plan, et entre chez Anaïs.)

TAUPIN.**

Comment, saperlotte ! il enfonce la porte !... une serrure neuve; il a fait sauter le pêne. (Criant.) Vous paierez le pêne !

JOHN, à part.

Je trouvais cette monsieur embêtante.

TAUPIN, à lui-même.

Et dire que, parmi les gens attirés par l'Exposition, il peut se glisser des êtres de cette espèce-là ! On n'y a pas pensé, sans quoi, on eût pris des mesures.

CARAMBA, rentrant, un chapeau de femme à la main.***

Elle n'y est pas !

TAUPIN.

Mais voilà ce que je veux vous dire depuis un quart-d'heure.

CARAMBA, à lui-même.

C'est étrange ! j'ai regardé jusques sous le lit... pas d'Anaïs.

TAUPIN.

Parbleu !

CARAMBA, froissant avec colère le chapeau entre ses mains.

Et pourtant, cet objet est une preuve, un indice; il atteste sa présence dans cette maison... dans cette exécrable maison ! (Il donne un coup de poing dans le chapeau.)

TAUPIN, s'apercevant de ce qu'il fait.

Nom d'un petit bonhomme !... mais c'est le chapeau de ma femme !

CARAMBA.

Mais vous m'avez dit que vous étiez veuf.

TAUPIN,* lui arrachant le chapeau.

Veuf... de ma bonne ! (Regardant le chapeau.) Un chapeau neuf ! (Il le met sur le guéridon.)

* Sir John, Taupin, Caramba.
** Sir John, Taupin.
*** Sir John, Taupin, Caramba.

CARAMBA.

Eh ! pourquoi diable votre femme a-t-elle des rubans ponceaux !

TAUPIN, à part.

Il est charmant, ma parole d'honneur !

SIR JOHN, à part.

Je trouvais lui embêtante de plus en plus.

CARAMBA.

Ah çà ! mais elle... madame Caramba ?

TAUPIN.

Elle est sortie.

CARAMBA, avec éclat.

Sortie ! Elle est donc venue ?

TAUPIN.

Oui !

CARAMBA.

Elle loge donc ici ?

TAUPIN.

Eh bien, oui !

CARAMBA.

Et vous souteniez le contraire !

TAUPIN.

Dame, c'est que...

CARAMBA.

C'est que... c'est que... Où est-elle allée ?

TAUPIN.

A l'hôtel de l'Univers, dans l'espoir de vous rencontrer.

CARAMBA, après avoir réfléchi, et d'un air soupçonneux.

Vous me trompez encore !

TAUPIN.

Moi ?

CARAMBA.

C'est une ruse pour m'éloigner.

TAUPIN.

Mais non ! (A part.) Diable d'homme ! (Criant.) Mais non !

CARAMBA.

Elle est dans l'appartement... elle se cache... près de son ravisseur, peut-être.

SIR JOHN, à part, se levant.

Son ravisseur !

CARAMBA, faisant pirouetter Taupin.*

Mais je chercherai tant qu'il faudra bien... (Il va pour entrer à gauche.)

SIR JOHN, se mettant devant lui.

Pardon, vô entrerez pas dans le chambre à moâ.

CARAMBA, bondissant.

C'est lui ! l'anglais du wagon !

* Sir John, Camraba, Taupin.

TAUPIN, jetant entre eux.*

Messieurs ! messieurs ! je vous en prie, pas de bruit, pas de scandale !

CARAMBA, à sir John.

Où est ma femme ?

SIR JOHN.

Eh ! je savais pas !

CARANBA, repoussant Taupin. **

Mensonge ! c'est toi qui l'as enlevée !

SIR JOHN.

Ne tutoyez pas moâ !

CARAMBA.

Qu'en as-tu fait? réponds !

SIR JOHN.

Vôlez-vô laissez moâ ! ou je boxais vô ! (Il passe à droite.)

TAUPIN. ***

Ah ! mon Dieu ! ils vont se massacrer ! (A sir John.) Mylord Caramba... (A Caramba.) Mon cher monsieur Démonio !

CARAMBA.

Allez-au diable !

ENSEMBLE.

Air : *Du roi des drôles.* (NARGEOT.)

CARAMBA, à sir John.

Ah ! c'est épouvantable !
De cette trahison,
D'une injure semblable
Tu me rendras raison !

JOHN, à part.

C'était abominable !
Vôloir d'un trahison
Supposer moi coupable,
Il perdait le raison !

TAUPIN, à part.

Ah ! c'est épouvantable !
J'en perdrai la raison !
Jamais un bruit semblable
Ne troubla la maison !

CARAMBA.

Vous ne voulez pas me dire où vous avez déposé ma femme ? alors défendez-vous ! (Il tire de sa poche de grands pistolets.)

TAUPIN, reculant.

Ah ! mon Dieu ! des armes !

* Sir John, Taupin, Caramba.

** Sir John, Caramba, Taupin.

*** Caramba, Taupin, sir John.

CARAMBA.

Des pistolets de poche, je ne marche jamais sans.

TAUPIN.

Un duel maintenant!

CARAMBA.

Oui, un duel à l'américaine... autour de cette table... ce sera l'affaire d'une minute.

TAUPIN, passant à gauche.

Ils vont se canarder chez moi!

CARAMBA, à John. *

Choisissez!

JOHN.

La *pistolete* était une arme *stioupide*. Mais *vo* étiez *trope* fort embêtante! Et je *volais* donner à *moa* le *satisfactionne* de casser quelque chose à *vó*!

TAUPIN, revenant au milieu. **

Mais c'est affreux! c'est abominable! mais le duel à domicile est défendu!

Air de l'*Apothicaire*.

Messieurs, de grâce, appaisez-vous!

CARAMBA.

Allons, que l'on se mette en place!
Monsieur frappera les trois coups.

TAUPIN, passant à gauche.

Ah! ciel! ils vont casser ma glace!

CARAMBA. ***

Des témoins ce vieillard félon
Pour nous remplira la besogne.

TAUPIN.

C'est le bouquet! et mon salon
Devient un vrai bois de Boulogne.
Les enragés, de mon salon,
Vont faire un vrai bois de Boulogne!

CARAMBA, *à John qui se place phlegmatiquement à un coin de la chambre, à droite, sur le devant.*

Y êtes-vous? (Il se place près de la fenêtre.)

TAUPIN, effrayé et criant. ****

Ma femme! Victoire! appelez le concierge.

CARAMBA, le menaçant de son pistolet.

Mais tenez-vous donc tranquille!

TAUPIN, allant au fond et criant.

Ah!... à la garde! à la garde!

* Taupin, Caramba, sir John.
** Caramba, Taupin, sir John.
*** Taupin, Caramba, sir John.
**** Caramba, Taupin, sir John.

JOHN, à Caramba.

Je attendais vo !

CARAMBA, ouvrant violemment la fenêtre et regardant dans la rue.

Attendez !

TAUPIN, à la porte du fond. *

Ma femme ! portier !

SCÈNE XVI.

LES MÊMES, MADAME TAUPIN.

MADAME TAUPIN, accourant du fond.

Qu'est-ce donc? qu'y a-t-il?

TAUPIN, redescendant, et au paroxisme de l'effroi.

Ils ont voulu me brûler la cervelle ! c'est-à-dire... non... ce sont eux qui au contraire... je ne sais plus où j'en suis ! (Il tombe assis près du guéridon.)

MADAME TAUPIN.

C'est bien fait ! vous êtes un sot, une brute !

CARAMBA, à la fenêtre.

Là-bas, au bout de la rue... cette dame qui regarde les boutiques...

JOHN, à Taupin.

Mosié ! je volais pas troubler plus longtemps davantage le *maïsone* de la père du jeune fille que je aimais. (Il pose son pistolet sur le guéridon.)

MADAME TAUPIN.

Comment qu'il aime ! il aime Célestine?

TAUPIN, se levant.

Eh bien ! oui, là ! une passion éclose sur les bords de la Tamise.

MADAME TAUPIN, glapissant.

Et vous avez loué à un séducteur !

TAUPIN.

Est-ce que je savais? est-ce que je pouvais deviner?

CARAMBA, refermant la fenêtre. — Un carreau se casse.

La voilà ! c'est elle !

TAUPIN ET MADAME TAUPIN, tressautant.

Ah !

CARAMBA, redescendant.

C'est ma femme ! elle entre dans la maison !

TAUPIN, passant près de Caramba. **

Quand je vous disais !

CARAMBA.

Je vais enfin connaître la vérité ! je me blottis là... derrière ce rideau !

* Caramba, madame Taupin, Taupin, sir John.

** Caramba, Taupin, madame Taupin, sir John.

JOHN, à part

Comme dans le *Hamlet* !

CARAMBA, allant au guéridon et prenant le pistolet que sir John y a posé.

Vous, pas un signe, pas un mot qui l'avertisse de ma présence... le premier qui parle, je le brûle !

MADAME TAUPIN.

Ah ! ciel !

TAUPIN, accablé, à part.

J'en ferai une maladie, c'est sûr !

ENSEMBLE, à mi-voix.

Air de *Gastibelza*.

CARAMBA.

Je l'entends ! taisez-vous !
Si vous craignez mon courroux,
Pas un mot indiscret,
Et respectez mon secret !

TAUPIN ET MADAME TAUPIN, *à part.*

Je l'entends ! taisons-nous !
De crainte de son courroux,
Pas un mot indiscret,
Et gardons lui le secret !

JOHN, *à part.*

Je l'entends ! taisons-nous !
Je craignais pas son courroux
Et, si je me taisais,
C'est parce que je vôlais !

(*Caramba se cache derrière les rideaux de la fenêtre. — Anaïs entre par le fond.*)

SCÈNE XVII.

LES MÊMES, ANAIS.

ANAIS. **

Est-ce assez-contrariant ! on m'a bien dit avoir vu mon mari à l'hôtel de l'Univers... mais depuis une heure il était parti et n'est pas rentré.

TAUPIN, à part.

Je ne le sais que trop !

ANAIS.

Enfin, comme sœur Anne, ne voyant rien venir, j'ai laissé un mot pour lui dire de m'attendre, et me voilà.

TAUPIN, à part.

Et la voilà !

* Taupin, Caramba, madame Taupin, sir John.
** Caramba, Taupin, Anaïs, madame Taupin, sir John.

MADAME TAUPIN, à part.

Quelle position !

SIR JOHN, à part.

Je ne ouvrais pas le bouche pour ne pas compromettre elle !

ANAIS, les observant.

Eh bien ! mais qu'avez-vous donc? quelle singulière figure vous faites tous les trois !

TAUPIN.

En effet, je me sens mal à mon aise. (A part.) Je voudrais bien changer de place !

ANAIS.

Est-ce qu'en mon absence il y aurait eu du nouveau ? (Silence des trois personnes. — A Taupin.) Est-ce que monsieur Caramba serait revenu ? (Même silence.) Mais parlez, répondez-donc ! l'avez-vous vu ?

TAUPIN ET MADAME TAUPIN, l'un après l'autre.

Non ! non !

ANAIS, allant à sir John.*

Ah ! tant mieux ! je tremblais qu'il ne vous eût trouvé ici... qu'il ne vous eût cherché querelle.

CARAMBA, passant la tête entre les rideaux et à part.

Elle tremblait pour lui !

ANAIS.

Il est si jaloux ! un Othello ! un tigre ! (A madame Taupin.) Tout-à-l'heure, s'il avait vu votre mari me conduire à un fiacre et par intérêt sans doute, me presser la main...

MADAME TAUPIN.

Comment, vous presser la main ?

ANAIS.

Il était capable de le tuer !

TAUPIN, avec effroi.

Pardon... mais... je ne vous ai rien pressé du tout... fichtre ! ne dites pas de ces choses-là ! (A part.) Je suis sûr qu'il me vise dans le dos !

ANAIS, à sir John.

Et ce matin, dans le wagon, vous rappelez-vous quels yeux il vous faisait ?

SIR JOHN.

Yes.

ANAIS.

Vous soupçonner, vous qui avez été avec moi si plein de convenance, de respect !... (Mouvement de Caramba.) Vous, qui d'ailleurs avez au cœur une passion.

CARAMBA.

Qu'entends-je ! (Il s'élance vers Anaïs en entraînant les rideaux.)

ANAIS, poussant un cri.

Ah !

* Caramba, Taupin, madame Taupin, Anaïs, sir John.

TAUPIN.*

Ah ! mon Dieu ! mes rideaux !

MADAME TAUPIN.

Mais prenez donc garde a mes rideaux, monsieur !

CARAMBA, jetant les rideaux à terre.

Eh ! il s'agit bien de vos loques !

TAUPIN.

Mes loques !

MADAME TAUPIN.

Malhonnête ! (Elle ramasse les rideaux.)

ANAIS, à Caramba.

Comment, mon ami, vous étiez-là... vous nous écoutiez ?

CARAMBA, à Anaïs.

Est-ce vrai, ce que tu as dit ? ce jeune homme aurait une passion ?

SIR JOHN.

Oh ! yes.

ANAIS.

Dont il m'a fait la confidence.

TAUPIN, passant près de Caramba.**

Eh ! oui, certainement, puisqu'il aime ma fille.

CARAMBA.

Vous avez une fille, vous ?

TAUPIN.

Sans doute.

CARAMBA, d'un air défiant.

Et vous ne m'en aviez pas parlé.

TAUPIN.

Mais... je ne voyais pas de nécessité...

CARAMBA, élevant la voix.

Montrez-la moi... je ne croirai qu'après avoir vu.

TAUPIN ET MADAME TAUPIN.

Oh ! par exemple !

SCÈNE XVIII.

LES MÊMES, CÉLESTINE.

CÉLESTINE, qui, depuis un moment, est entrée par le pan coupé de droite, descendant entre son père et sa mère.***

Qu'y a-t-il ? (Sir John remonte en voyant Célestine.)

MADAME TAUPIN, à Caramba.

Eh ! tenez, la voici.

CARAMBA, saluant.

Ah ! jolie personne. (A Taupin.) Elle ne vous ressemble pas

* Taupin, madame Taupin, Caramba, Anaïs, sir John.
** Madame Taupin, Taupin, Caramba, Anaïs, sir John.
*** Madame Taupin, Célestine, Taupin, Caramba, Anaïs, sir John.

MADAME TAUPIN, choquée.

Comment ? mais...

CARAMBA.

Ni à vous ! (A Taupin.) Ainsi, c'est là votre fille ?

TAUPIN.

Oui, monsieur, ma fille... Célestine Taupin.

CARAMBA.

Taupin ! vous vous appelez Taupin ?

TAUPIN.

Désiré Taupin, c'est mon nom.

CARAMBA.

Vous aviez un parent à Mexico ?

TAUPIN.

Feu mon cousin, Sylvestre-Chandeleur Taupin... (Madame Taupin passe près de son mari.)

CARAMBA. *

Dont vous avez accepté la succession ?

TAUPIN.

Comme unique héritier... vous connaîtriez cette affaire ?

CARAMBA, tirant son portefeuille.

Parfaitement ; j'ai même là quelque chose qui vous concerne.

TAUPIN.

Ah ! voilà donc un bonheur qui m'arrive ! (A sa femme.) Tu vois, si je n'avais pas mis notre logement à louer... (A Caramba en tendant la main.) Nous disons donc, que...

CARAMBA, consultant un papier.

Vous me devez dix mille francs.

LES TROIS TAUPIN.

Comment ?

CARAMBA.

Votre cousin est mort sans un sou et ne laissant que des dettes.

CÉLESTINE.

Ah ! mon Dieu !

TAUPIN.

Et j'ai accepté sans bénéfice d'inventaire !

MADAME TAUPIN, à son mari.

Vous ne faites que des bêtises !

TAUPIN.

C'est pour m'achever !

SIR JOHN, descendant près de Taupin. **

Ne désolez pas vô ! Je payais le somme à monsieur.

TAUPIN.

Vous ?

* Célestine, madame Taupin, Taupin, Caramba, Anaïs, sir John, au 2e plan.
** Célestine, madame Taupin, sir John, Taupin, Caramba, Anaïs.

SCÈNE XIX.

MADAME TAUPIN ET CÉLESTINE.

Est-il possible !

SIR JOHN.

Yes ! Ce sera la cadeau de noce.

MADAME TAUPIN

Comment... de noce !

TAUPIN.

Ah ! jeune homme, tant de délicatesse... ce trait me décide... ma fille est à vous.

SIR JOHN.

Oh ! bien !... merci !

CÉLESTINE.

Quel bonheur !

MADAME TAUPIN, passant près de son mari. *

Et votre ami Beloison ?

TAUPIN.

Il ira se promener !... enfin ! me voilà donc sorti de toutes mes traverses ! nous allons donc vivre paisibles dans notre appartement !

MADAME TAUPIN.

Qui est si commode et si bon marché.

TAUPIN.

Chose très-rare en ce moment.

SCÈNE XIX ET DERNIÈRE.

LES MÊMES, VICTOIRE.

VICTOIRE, entrant par le fond. **

Salut, messieurs, mesdames et la compagnie !

MADAME TAUPIN.

Victoire !

TAUPIN.

Notre ex-bonne !

MADAME TAUPIN.

Qu'est-ce qui vous amène ?

TAUPIN.

Est-ce que tu viens nous demander de te reprendre ?

VICTOIRE.

Moi rentrer chez vous ?... plus souvent ! j'ai trouvé une place... et une plus... *rupe* que la vôtre.

TAUPIN, avec ironie.

Vraiment !

VICTOIRE.

Chez le propriétaire... même qu'il m'a chargée de vous monter ce papier. (Elle donne un papier à Taupin.)

* Célestine, sir John, madame Taupin, Taupin, Caramba, Anaïs.
** Célestine, sir John, madame Taupin, Taupin, Victoire, Caramba, Anaïs.

MADAME TAUPIN.

Ce papier?

TAUPIN, regardant le papier.

Que vois-je !... un congé!

LES AUTRES.

Un congé!

VICTOIRE.

Il dit comme ça que vous avez sous-loué et que ça ne lui convient pas.

TAUPIN.

Nous voilà à la porte!

MADAME TAUPIN.

Ça vous apprendra à vouloir faire de la spéculation!

TAUPIN, à part.

Et dire que j'avais appris l'anglais pour ça! Satané Robertson!

CHŒUR FINAL.

Air :

Quel tracas! quel tourment!
Ah! vraiment,
Quelle sottise
Fait celui qui s'avise
De louer son logement!

TAUPIN, *au public*.

Air : *Ces postillons*.

Si quelque jour j'écrivais mes mémoires,
On y verrait que j'eus peu d'agrément;
En ai-je assez avalé de déboires!
Aussi tout haut je fais bien le serment
De ne jamais louer d'appartement.
Oui, sapristi! ce drapeau je l'arbore...
Pourtant, ici, je dois vous l'avouer,
Chez nous, messieurs, pour vous il reste encore
Une pièce à louer!

REPRISE DU CHŒUR.

FIN.

Clermont (Oise). — Imprimerie A. DAIX, rue de Condé, 58

www.ingramcontent.com/pod-product-compliance
Ingram Content Group UK Ltd.
Pitfield, Milton Keynes, MK11 3LW, UK
UKHW021521260726
13993UKWH00004B/1816

9 782329 499574